池坊いけばな作品集

花時分

―天と地の花―

池坊専永　監修
小林春荘　著

小林春荘作品集『花時分』によせて

華道家元四十五世　池坊専永

このたび、小林春荘教授の作品集が発刊されることとなりました。

小林教授の先代、先々代も池坊の先生で、本人も若くして池坊に入門されたといいます。京都の大学へ進学された時は、昼は学問、夜は池坊文化学院でいけばなを学ばれたという努力の人です。

普段は物静かなイメージで、その温厚で紳士的な性格は池坊中央研修学院でも人気だと聞きます。ただ作品に対する思いは熱く、厳しく、こだわり抜いて制作されている様子を、本部展などでよく見かけます。

小林教授のものの考え方は論理的で、研究論文も順序立てた解説がわかりやすいと感じています。その優れた思考力は、難しい立花入門のカリキュラムを作る際にも存分に発揮していただきました。

さて、本作品集『花時分』では、砂之物と立て花の作品の多さに気が付かれると思います。砂之物は伝書での記述が少なく、過去の古典絵図をよく調べる必要があります。小林教授の深い探究心が、砂之物の作品に表れています。また、立て花は立花様式が整う前の花であり、逆に具体的な絵図が乏しいため、こちらは古い伝の内容を一つずつ整理する必要があります。

どちらも池坊いけばなを理解する上で重要な花型です。この作品集を手に取った方は、より深い池坊いけばなの世界へ誘われることでしょう。

最後に小林教授には、この出版を機にさらなる飛躍を遂げられますことを願っております。

はじめに

小林春荘

世阿弥の『風姿花伝』によると、芸には「時分の花」と「まことの花」があるようだ。「まことの花」が究極の芸とするならば、「時分の花」は「まことの花」に至るまでの一時的な芸の境地である。

本のタイトル『花時分』は、この世阿弥の言葉から取った。それはこの一年間、作品集制作のため、その時々の花に精いっぱい取り組んだつもりであったものの、出来上がった写真を見ると、いつもわが芸の未熟さを痛感していたからである。やはり、芸は「まことの花」に向けての絶え間ない精進……そこで、その思いをこのタイトルに込めた。

本書の構成は、サブタイトルにあるように、天の章（縦の系譜）と地の章（横の系譜）に区分している。

天の章は、立て花、立花正風体、立花新風体からなる。これらは、神仏への祈りから始まった花であり、水際が垂直に立ち、草木の命の出発点が無形の正中線にあるところから、縦の系譜とした。

地の章は、棚下の花、砂物（砂之物ともいう）からなる。砂物が確立される以前の花も立て花と呼ぶことがある。しかし、ここでは紛らわしいので棚下の花とした。これらは、天を意識することなく、地面の砂の景色や、横への広がりを意識しているところから、横の系譜とした。

砂物はやがて縦の系譜である立花の様式に組み込まれていくが、二つの系統を別にしたのは、それぞれの表現の違いを楽しんでもらいたかったからである。

また、天の章、地の章ともに古典から現代という時代の流れではなく、季節の変化を感じていただくために、四季ごとの構成としている。

ご高覧いただければ幸いである。

目 次

天の章

祈りの花から始まった立て花
やがて立花へと発展し、新風体まで続く縦の系譜

縦の系譜

それは祈りから始まった。

畏怖の対象である神仏への崇拝、自然の恵みに対する感謝など、素朴な祈りが草木に託された。

松を代表とする常盤木（常緑樹）は、神仏の依代（目印）としての役目とともに、緑を絶やさないその姿に、繁栄、長寿といった人の願いが込められた。

やがて身近にあった季節の草花が添えられるようになったのは、自然の成り行きだったであろう。そこには日本の植物相の豊かさも寄与していたに違いない。

四季折々に咲いては消える草木に命の尊さを見て、それを最大限に生かす努力が払われた。永遠に見える命と儚い命、姿の変化、色の移りなどの対照効果に陰陽和合の精神が育まれ、より人間の美的欲求を満足させるものへと発展していく。

草木を立てる行為は、単なる物理的現象ではなく、天（神仏）を意識することで、人間の精神的支柱となった。また草木を立てたことで、草木本来の持つ時間と空間の制約から解放されて、新しい世界観としての表現が可能となった。

立て花から立花へと発展していく過程で景観美の要素が加えられ、立花は大型化、複雑化していく。『池坊専応口伝』にある「小水尺樹を以て、江山数程の勝概を顕し、暫時頃刻の間に、千変万化の佳興を催す」作品が作られていく。

そして今、立花新風体は立花に新たな息吹を吹き込み、その世界観がさらに広げられた。掛けや釣りの表現を加え、現代感覚溢れたその作風は、グローバル化した環境に適合して、立花の魅力を次代につなげている。

軸：四十世専定筆　　松、柳、水仙、梅、いぶき、椿、つげ、かなめ、しのぶ、びわ

祈り

花にわが想いを託して立てる。
花は何も語らないが、すべてを受け入れる包容力がある。

立て花　松、紫ラン、ラン、山吹、せきしょう、びわ、いわがさ、都忘れ、えぞ松、ゆきのした、まさき

憧憬

山野草の優しさは、少年の持つ
淡く、切ない憧れに似ている。

立て花　えぞ松、紅花いちげ、白糸草、ひとつ葉、すすき、姫ななかまど、あじさい、つげ、しのぶ、かなめ、松

太陽神

神々しい太陽の光は、
すべての命を生み出すエネルギーの源である。

立て花　コクテール、ギャザリンググリーン、とくさ、山しだ、あじさい、びわ、るり玉あざみ、姫アガパンツス、フェンネル

淡雪

すぐに消えゆく春の雪。
そのはかなさ故に愛(いと)おしさが募る。

立て花　穂咲まんさく、ムスカリ、ベアグラス、エピデンドルム、かえで、ペペロミア、クリスマスローズ、レクス・ベゴニア

松竹梅

松竹梅は、日本の植物文化の象徴であり、
長寿と繁栄を託してきた。

立花正風体　松、竹、ひのき、アイリス、梅、いぶき、つげ、小菊、山しだ、びわ、かなめ、椿

二代専好に学ぶ

草木の呼応が作り出すおおらかな空間。
そこに生命がはずみ、躍動している。

立花正風体　ひのき、しゃくやく、藤、しゃが、はなみずき、かなめ、つげ、玉しだ、都忘れ、松、びわ、いちはつ、まさき

乱流

自然は気ままに、そしてダイナミックに移りゆく。
見越を大胆に変化させた作品。

立花正風体　桜、びわ、しゃが、松、つげ、椿、都忘れ、山しだ、苔木

桜一色

春色に染まる山々。
歓喜の声がこだまする。

立花正風体　桜、松、つげ、都忘れ、椿、びわ、苔木

競演

四季を通じて咲くかきつばた。
春は一斉に咲き誇って群落の美しさを見せる。

立花正風体　かきつばた、こうほね、すすき、ひおうぎ

高請

すももは桃より桜に近い。
紅色の葉に白色の花がよく映える。

立花正風体　松、ひのき、すもも、アイリス、オクロレウカ、つげ、つるききょう、椿、びわ

憂愁

藤の花はどこか気だるく、物憂げである。
花しょうぶに元気をもらう。

立花正風体　松、藤、花しょうぶ、やまなし、いぶき、つつじ、都忘れ、山しだ、びわ、ひおうぎ、苔木、まさき

紅の雲

谷崎潤一郎は『細雪』の中で、
しだれ桜を「紅の雲」と表現している。

立花正風体　松、桜、ひのき、かきつばた、いぶき、紅つげ、都忘れ、椿、びわ

牡丹胴

その豪華さ故に、ともすると敬遠されがちなぼたん。
だが、その宿命を背負って立つ力がある。

立花正風体　松、山吹、かきつばた、やまなし、ぼたん、つげ、都忘れ、つつじ、びわ

山笑う

早春の山々はみずみずしい新緑に光輝く。
初々しい山しだを使った「歯朶(しだ)の前置」。

立花正風体　つつじ、松、梅花うつぎ、かきつばた、いぶき、山しだ、つげ、都忘れ、びわ、ひのき

脱皮

もう毛皮のコートは脱いで、
早く純白の姿を見せておくれ。

立花正風体　木蓮、オクロレウカ、紫ラン、やまなし、椿、いぶき、つげ、都忘れ、松、黒ゆり

春の宵

「紫の灯をともしけり春の宵」
正岡子規

立花正風体　木蓮、こでまり、かきつばた、ひのき、オクロレウカ、松、いぶき、つげ、都忘れ、椿、びわ

春風

気持ちよい風に身を委ねる。
まさに至福のとき。

立花正風体　松、レウコユリネ、沖縄しゃが、ひのき、ストレリチア、アプライト、つげ、カラテア、がまずみ、しのぶ、フリージア、シュスラン、ウーリーブッシュ、ガラクス、なでしこ

五月晴れ

すがすがしい晴天に映える二輪のてっせん。
気持ちよく散歩を楽しんでいる。

立花正風体　てっせん、こでまり、紫ラン、縞ふとい、玉しだ、オクロレウカ、シレネ、カランコエ、ビオラ、ベルセリア、エリカ、クロトン

春色

フィロデンドロンは花ではないが、
妙になまめかしく、色っぽい。

立花正風体　フィロデンドロン、黒柳、ラシュナリア、キルタンツス、アリウム、ストレリチア、シンビディウム、しゃくなげ、オクロレウカ、リクニス、ゴム、メリー

紅一点

存在しているだけで価値がある。
控えめにしていても目立ってしまう。

立花正風体　マスデバリア、ベアグラス、グリーンベル、ムスカリ、沖縄しゃが、レースフラワー、ペペロミア、しのぶ、ぜんまい、メリー、ミモザ

対流

暖かい日が当たる所と日陰の温度差によって、
空気の流れが生じる。

立花新風体　藤、ユーカリ、アンスリウム、ヘリコニア、キルタンツス、姫がま、アスパラガス、クロトン、ウーリーブッシュ、ラナンキュラス、鳴子ゆり、アゲラツム、ぜんまい、うらじろ

胡蝶の夢

このコチョウランは夢の世界で咲いていたのかもしれない。

立花新風体　アカシア、コチョウラン、フィロデンドロン、ぜんまい、スズラン、ウーリーブッシュ、アネモネ、鳴子ゆり、いわかがみ、アスパラガス、クロトン、ヤシ、姫きんせんか

春暁

春眠暁を覚えず。
時間とともに大地は春色に染まる。

立花新風体　姫がま、カラテア、イオノプシス、ふとい、山吹、黒ゆり、アジアンタム、ストレリチア、ユーカリ、マランタ、ぜんまい、ロフォミルタス、菜の花、ヒューケラ

美しく青きドナウ

紳士淑女がワルツに合わせて優雅に舞う。

立花新風体　ラナンキュラス、やまなし、フィロデンドロン、アスパラガス、ミモザ、せきしょう、ストレリチア、コプロスマ、ゆきのした、黒芽柳、スイートピー、ウーリーブッシュ、エリカ

春雨

優しく降る春の小雨。
しばし濡れて行こう。

立花新風体　かえで、桜、しだ、マスデバリア、ムスカリ、山吹、アンスリウム、ベアグラス、ラン、シルバーレース、カラテア、ビブルナム

宝船

船の生花には特別な期待が込められている。
今は飛行機、さまざまな思いを乗せて飛んでいく。

立花新風体　えんれい草、ペトレア、アンスリウム、ゴールデンスティック、ラビットファン、クリスマスローズ、オレガノ、ミルクブッシュ、春ラン、ヒューケラ、まさき

静謐（せいひつ）

夏の慌ただしさを取り戻すかのように、
秋は、時間が静かに流れる。

立て花　杉、れんげしょうま、沢ぎきょう、ひおうぎ、松、りんどう、なでしこ、夏はぜ、びわ、ひのき、ゆきのした

恵みの雨

久しぶりの雨で大地は潤い、
草木は命の輝きを取り戻す。

立て花　アスパラガス、蓮、われもこう、姫ひおうぎ水仙、うわみず桜、おみなえし、りんどう、まんさく

綿雲

まるで綿菓子。
縁日で食べた懐かしい記憶がよみがえる。

立て花　けむり草、梅花うつぎ、アンペライ、とらのお、ヤブラン、しもつけ、ビオラ、からまつ草、えぞ松、レクス・ベゴニア

静寂

静かなたたずまいを見せる笹ゆりの表情に、
明日への希望を託す。

立て花　笹ゆり、ききょう、こばのずいな、せきしょう、ふうち草、しのぶ、朝鮮まき、ラン、つつじ、ウーリーブッシュ

山頭有草体

「沢辺千尺の松たりといへ共、れい頭一すんの草にはしかじ」
『仙伝抄』

立花正風体　山ゆり、穂咲しもつけ、かきつばた、すすき、夏椿、松、いぶき、夏はぜ、なでしこ、びわ

故郷（ふるさと）

眼前に広がる葦原のはるか向こうに、
山々の稜線（りょうせん）が重なっている。

立花正風体　葦、とらのお、すすき、ほたるぶくろ、松、夏はぜ、オクロレウカ、いぶき、むくげ、なでしこ、ほおの木、ききょう、あじさい

涼気

水しぶきにも見えるちんしばいを
通用物に見立てた一草の立花。

立花正風体　すすき、梅花うつぎ、かきつばた、あじさい、ちんしばい、鳴子ゆり、玉しだ、なでしこ、しおん、姫ゆり、メリー

祇園祭

京都の祇園祭にはひおうぎが欠かせない。
暑い夏を乗り切る力がある。

立花正風体　ひおうぎ、ききょう、つるうめもどき、ゆり、松、いぶき、夏はぜ、むくげ、がんぴ、ほおの木

杜若一色

春夏秋冬、四季の循環を見せるかきつばた。

立花正風体　かきつばた、こうほね

蓮一色

蓮は仏教と深い関係があるためか、
どこか現実離れしている。

立花正風体　蓮、こうほね

相思相愛

恋人同士のような関係が、
いつまでも続くことを願う。

立花正風体　蓮、かきつばた、葦、こうほね

忘暑

暑中稽古で暑気払い。
暑さを忘れて、花と向き合う。

立花正風体　かきつばた、ふとい、葦、ぎぼうし、なずな、カラー

清夏

夏草の出合いが生み出す魔法によって、
清涼感が辺りに広がる。

立花正風体　ジャカランダ、縞すすき、ベッセラ、スチールグラス、とらふアナナス、ききょう、エリカ、ほととぎす、玉しだ、セイロンライティア、ウーリーブッシュ、オクロレウカ

青嵐

赤柳を大内見越の手法で、
その細長い線を生かした作品。

立花正風体　ユーカリ、アスパラガス、赤柳、ストレリチア、糸ばしょう、オクロレウカ、アスティルベ、
ききょう、玉しだ、ブルーキャッツアイ、ウーリーブッシュ

白い光

晴れ渡った空は、
人々の夢や希望を乗せた光に満ち溢れる。

立花正風体　そくず、いぐさ、アンスリウム、ベルてっせん、はまゆう、五川ほととぎす、ヒペリクム、玉しだ
アスター、ウーリーブッシュ、ひおうぎ

涼風

芭蕉の大きな葉が心地よい風を生み、
草木に生気が蘇る。

立花正風体　ばしょう、山ほろし、ゴールデンスティック、とうがらし、ラン、ミスカンツス、黒ほおずき、とくさ、日々草、ぎょりゅう、おみなえし、ほととぎす、玉しだ、ウーリーブッシュ

陽炎（かげろう）

熱せられた大地から水蒸気が立ち上る。
やがてすべての境界線が消える。

立花新風体　ブルーハイビスカス、けむり草、姫がま、白糸草、きょうちくとう、ヒペリクム、ビオラ、プテリス、レクス・ベゴニア、フィロデンドロン

盆踊り

うらじろ朝顔の葉がリズムを作る。
さあ輪になって踊ろう。

立花新風体　うらじろ朝顔、ディサ、アンペライ、リプサリス、キキョウラン、サルビア、しのぶ、ゴム、フェンネル、るり玉あざみ、日々草、姫アガパンツス、ふくぎ

蛍の光

明滅する淡い光。
想像がかき立てられ、幻想の世界へ誘われる。

立花新風体　パナマ草、姫ヤナギラン、パープル・ファウンテングラス、アンペライ、ほたるぶくろ、アンスリウム、るり玉あざみ、しのぶ、セイロンライティア、黄金しもつけ、斑入りみせばや、ほおの木

異彩

自宅で咲いた珍しいラン。
想像を超えた美しさに絶句した。

立花新風体　ラン、縞すすき、ブルーベリー、山吹しょうま、とくさ、ラビットファン、チョコレート・コスモス、るり玉あざみ、スキンミア、はまゆう、ゆきのした

初々しさ

木の若葉はみずみずしく柔らかい。
草にしばらく仲間入り。

立花新風体　竹似草、松、バラ、花とうがらし、オクロレウカ、クロトン、ロフォミルタス、スモークグラス、バンクシア、ホワイトスター、るり玉あざみ、玉しだ、レクス・ベゴニア

緑陰

草木が作る陰は、
穏やかな雰囲気に包まれる。

立花新風体　矢竹、ききょう、つるうめもどき、ヘリコニア、クロトン、ゆきのした、おみなえし、るり玉あざみ、ミルクブッシュ、ラビットファン、レクス・ベコニア

風薫る

山ゆりの芳香が辺りに漂い、
本格的な夏の到来を知る。

立花新風体　山ゆり、ななかまど、フィロデンドロン、たで、とらのお、すすき、クロトン、ラビットファン、ほととぎす、エキナケア、レクス・ベゴニア

浮遊

置きのような、釣りのような器に、
立て花のような花。

立花新風体　山しだ、アスパラガス、ききょう、じゅずさんご、ヤシ、クリプタンツス、こくりゅう、セイロンライティア、夏はぜ、アンスリウム、りんどう、ライムポトス、ぎょりゅう

水しぶき

ぎぼうしの白とむくげの白を重ねることで、
涼しさを演出した。

立花新風体　ぎぼうし、むくげ、つるうめもどき、金みずひき、寒すげ、ストレリチア、プテリス、フロクス、レクス・ベゴニア、ぎょりゅう、ロフォミルタス、デュランタ

妖艶

黒髪を乱した、なまめかしい美しさを持つ
女性のイメージ。

立花新風体　八角蓮、ラン、アラエオココス、ラッセリア、ヤシ、きょうちくとう、しこん野ぼたん、ブルーベリー、ヒューケラ、ぎょりゅう

天衣無縫

素直になれば無理のない自然らしさは生まれるが、
それが難しい。

立て花　松、姫ゆり、夏えびね、寒すげ、柏、黄花コスモス、いぼた、びわ、なずな、われもこう、はまごう

微風

まるで秋草が自分の意志であるかのように、
優しい風に揺れている。

立て花　かやつり草、アスパラガス、あざみ、つるうめもどき、ひおうぎ、くがい草、がんぴ、みしまさいこ、おけら、ななかまど、ひよどりばな、ゆきのした

秋色

紅葉の色に染まったようなアクリルの花器に立てた
現代的な立て花。

立て花　かくれみの、ラン、ヤブラン、しのぶ、つるうめもどき、千日紅、アスパラガス、セイロンライティア、ベルセリア、松、びわ

七夕

年一度だけの邂逅（かいこう）の花。
悔いのないように生かしたい。

立て花　竹、りんどう、アブティロン、とくさ、きょうちくとう、ベゴニア、アスパラガス、しのぶ、けいとう

二ツ真

二つの真の間が命。
水際から伸びる細い空きが実となる。

立花正風体　竹、松、ひのき、梅もどき、かきつばた、いぶき、つげ、椿、菊、ほととぎす、びわ、かなめ

秋模様

秋は、春とは違った落ち着きのある色彩の変化が見られる。

立花正風体　梅もどき、松、けいとう、オクロレウカ、びわ、秋明菊、いぶき、椿、りんどう、ひおうぎ、かなめ

秋高し

澄み切った空に向かって、
たくましく伸びていく鶏頭。

立花正風体　けいとう、ひのき、すすき、梅もどき、松、いぶき、夏はぜ、ほととぎす、山しだ、ききょう、びわ、ひおうぎ

白一点

白い秋明菊がこの作品のポイント。
水際は下段大遣いでまとめた。

立花正風体　コシアブラ、けいとう、ひのき、オクロレウカ、つるうめもどき、まさき、ジューンベリー、米つつじ、野菊、玉しだ、松、秋明菊、ひおうぎ

紅葉一色

夜の紅葉のライトアップ。
昼間とは違い、妖艶な姿が浮かび上がる。

立花正風体　もみじ、松、曝木、つげ、山しだ、椿

乱れ髪

すすきの輝く穂を通して、
秋の清澄な空気が伝わってくる。

立花正風体　すすき、ブルーキャッツアイ、風草、小菊、ニューサイラン、アカシア、ほととぎす、玉しだ、なでしこ、けいとう、ひおうぎ

菊花の候

さまざまな色の変化、
自然の作り出すその色彩の妙に酔う。

立花正風体　　菊

薄一葉

大小の菊がリズムを作る。
すすきの一葉が大きく弧を描き、そのテンポを緩める。

立花正風体　菊、すすき

夕焼け

空が真っ赤に染まる。
紅葉も負けまいとわが身を燃やす。

立花正風体　もみじ、柳、松、つげ、椿、小菊、山しだ、曝木、びわ、しゃが

わくらば

虫食い葉を意味する“わくらば”の言葉の響きに、
美しい自然の営みを感じる。

立花正風体　つるうめもどき、矢筈すすき、けいとう、るり柳、アンスリウム、しゃが、いぶき、椿、山しだ、なでしこ、びわ、まさき、松

叶わぬ夢

ねずみもちは不老長寿の妙薬といわれる。
若返りを願って真とした。

立花正風体　ねずみもち、ラン、松、オクロレウカ、きょうちくとう、つげ、椿、梅もどき、いわかがみ

陰影

草木が作る穏やかに揺らめく光と影は、
春の気だるさを誘う。

立花正風体　ユーカリ、パイナップルリーフ、からまつ草、ラン、オクロレウカ、ベルてっせん、しもつけ、ゴッドセフィアナ、ラビットファン、ブヴァルディア、ウーリーブッシュ、カラテア

白秋

夕暮れの京都で行商の花売りに出会う。
この作品のコスモスはその時に求めたもの。

立花新風体　コスモス、うらじろ、花とうがらし、つるうめもどき、プテリス、シーグレープ、ヤブラン、るり玉あざみ、ヒューケラ、日々草、スキンミア、ベルセリア、アスパラガス

選手交代

夏の代表選手である蓮から、
その紅葉が見事なななかまどへバトンタッチ。

立花新風体　ななかまど、蓮、つるうめもどき、ゆり、トルコぎきょう、とくさ、アスパラガス、アレカヤシ、カラテア、しのぶ、フィットニア、スイカペペロミア

釣瓶落し

秋の日は釣瓶落し。
夕闇が駆け足で迫ってくる。

立花新風体　ドラセナ、もみじ、ベッセラ、ブルーキャッツアイ、はぶ茶、ヤブラン、プテリス、アナナス、千日紅、メラレウカ、ヒューケラ、花とうがらし、アンペライ

こもれび

紅葉した木々から光が差し込む。
森にまだらの明暗が生まれる。

立花新風体　もみじ、アンスリウム、ききょう、風船とうわた、松、梅もどき、シクラメン、コニファー、アゲラツム、山しだ、ユーカリ、千日小坊

清流

宝石のような野鳥であるカワセミが、
木陰から獲物を狙っている。

立花新風体　もみじ、ブルーキャッツアイ、おやまぼくち、オクロレウカ、ぎょりゅう、ほととぎす、千日紅、ひのき

白露

早朝にきらめく露は、
秋らしい気配を漂わせる。

立花新風体　コシアブラ、ぼけ、黒柳、ミラ、ゴム、ラビットファン、秋明菊、千日小坊、まさき、ミルクブッシュ

秋時雨

明るい空を残し、急に降り出した通り雨に、
しばしたたずむ。

立花新風体　まくまおう、ニューサイラン、ききょう、梅もどき、デクッサタ、スイカペペロミア、松、ラビットファン、花とうがらし、とらのお、水仙

初霜

初霜が降りた。
冬がもうそこまで近づいている。

立花新風体　白グミ、アンスリウム、アプライト、野ぼたん、梅もどき、アナナス、りんどう、カロケファルス、レクス・ベゴニア、玉しだ、カラテア、ノシラン

霧雨

煙るような雨が降り注ぐ。
草木はしっとりと濡れ、みずみずしさを取り戻す。

立花新風体　アロカシア、ベッセラ、アプライト、ディプラデニア、山ほろし、ベルセリア、プテリス、ゆきのした、千日紅、アゲラツム

火の鳥

伝説の鳥が未来に向かって今、羽ばたこうとしている。

立花新風体　グレヴィレア、ラン、ゴム、むらさきしきぶ、エリカ、赤柳、せんりょう、日々草、花とうがらし、アゲラツム

明日へ

厳しい寒気にめげず花を付ける
梅のずわえに希望が湧く。

立て花　梅、ひのき、寒あやめ、せきしょう、ときわがまずみ、せんりょう、山しだ、松、びわ

終焉（しゅうえん）

今にも落ちそうなあじさいの葉、
その緊張感がたまらない。

立て花　あじさい、寒あやめ、はんのき、せきしょう、せんりょう、つげ、山しだ、小菊、松、びわ

負けず嫌い

水仙は障害物があると、
それに負けじと成長して自分の存在を誇示する。

立て花　うらじろ、水仙、せんりょう、寒菊、しゃが

凛として

張り詰めた空気の中で、
気品ある姿を見せる水仙の花。

立て花　水仙、シクラメン、しゃが

不及の真

中墨を大きくはずれた真の松と梅の呼応が、
この作品の見せ場である。

立花正風体　松、梅、水仙、いぶき、かなめ、つげ、山しだ、椿、びわ

二代専好に学ぶ

水仙の一葉一葉がゆったりと、たくまずして、
生き生きと伸びている。

立花正風体　水仙、きんせんか、しゃが

松一色

古来、日本人は松の姿に神聖さを感じ、あがめてきた。

立花正風体　松

代々

次の葉が育ってくるまで頑張るゆずりは。
その姿勢に頭が下がる。

立花正風体　ゆずりは、柳、松、梅、ひのき、椿、寒菊、山しだ、びわ、つげ

拝み真

合掌の姿。
その意匠的な美しさにも水仙の魅力が発揮される。

立花正風体　水仙、寒菊、しゃが

臥龍梅（がりゅうばい）

苔むし、屈曲した梅の古木は、龍の化身。
やがて天に昇る。

立花正風体　松、梅、ひのき、南天、水仙、いぶき、つげ、小菊、椿、びわ、しゃが

朝露

葉が朝露を受けて静かに開く。
露の重みで変化が生まれる。

立花正風体　水仙、きんせんか、しゃが

中段流枝

松の幹の変化の妙は、
素直な南天の茎と好対照である。

立花正風体　南天、柳、松、水仙、いぶき、椿、つげ、山しだ、寒菊、びわ、ひのき、かなめ、苔木

雪中花

他の草花が枯れ果てるころ、
芽を出し花を付けるのが尊い。

立花正風体　水仙、せんりょう、しゃが

虚実

竹と流枝の松が作る大きな空間が、
意味あるものとして現出する。

立花正風体　松、竹、水仙、ぼけ、いぶき、つげ、小菊、椿、びわ、かなめ

ありのままに

上がるものと下がるもの、
相反するものが調和する立花の世界。

立花正風体　松、柳、梅、ひのき、水仙、つげ、椿、小菊、びわ、いぶき、苔木

万年青(おもと)の前置

天与の幸福が授かりますように。

立花正風体　柳、菊、ひのき、松、梅、いぶき、曝木、おもと、姫きんせんか、椿、つげ

氷雨

冷たい雨が風を伴って降り注ぐ。
帰路を急ぐ道のりが遠く感じる。

立花正風体　柳、ゆずり葉、ひのき、水仙、松、いぶき、椿、小菊、山しだ、びわ、オクロレウカ

影の主役

高木の日陰に育つ山しだを生かした作品。

立花正風体　松、水仙、ひのき、柳、梅、苔木、山しだ、つげ、寒菊、椿、びわ、しゃが

かなわぬ夢

夢の世界では、水仙の花に蝶が乱舞することがあってもいいだろう。

立花正風体　金明竹、水仙、ユーカリ、オンシディウム、アカシア、くちなし、スキンミア、しのぶ、ユーフォルビア、メリー、ひとつ葉

ほころぶ

「梅一輪一輪ほどの暖かさ」
服部嵐雪

立花正風体　梅、ひのき、矢竹、水仙、雪柳、紅つげ、小菊、椿、クロトン、松、スプレー菊

木枯らし

凍(い)て返る大地。
でも確実に春は近づいている。

立花新風体　バラ、ドラセナ、カラテア、雪柳、ヤシ、ヘリコニア、オクロレウカ、シーグレープ、せんりょう、菊、アカシア、レクス・ベゴニア、がんそく

春、遠からじ

寒さに身を縮めているが、
内側は春への期待が充満している。

立花新風体　アンスリウム、アブラチャン、うらじろ朝顔、オクロレウカ、れんぎょう、エリカ、ミルクブッシュ、ブルースター、シュスラン、メリー、ゴム

樹氷

木々はまだ冬化粧だが、
春を呼ぶ椿に希望が湧く。

立花 新風体　苔木、椿、アンスリウム、ストレリチア、水仙、コアラファン、サルビア、玉しだ、ガラクス、ウーリーブッシュ、菜の花

ともしび

外は寒風が吹き荒れているが、
ともしびの下では静かな時間が流れる。

立花新風体　あじさい、うらじろ、ハンノキ、マスデバリア、水仙、クリスマスローズ、菜の花、ときわがまずみ、プテリス、レクス・ベゴニア、シーグレープ

羽衣

ふと、老松に掛かる天女の羽衣を想像してみた。

立花新風体　フィカス・ウンベラータ、松、レリア、水仙、ヘリコニア、しのぶ、白グミ、ペペロミア、フリージア、ミルクブッシュ、野ぼたん

寒月

レリアは、冬の夜空に冴えて輝く月の使者か。

立花新風体　レリア、としょう、梅、アプライト、ブルースター、プテリス、菜の花、かなめ、まさき、クリプタンツス、ユーカリ

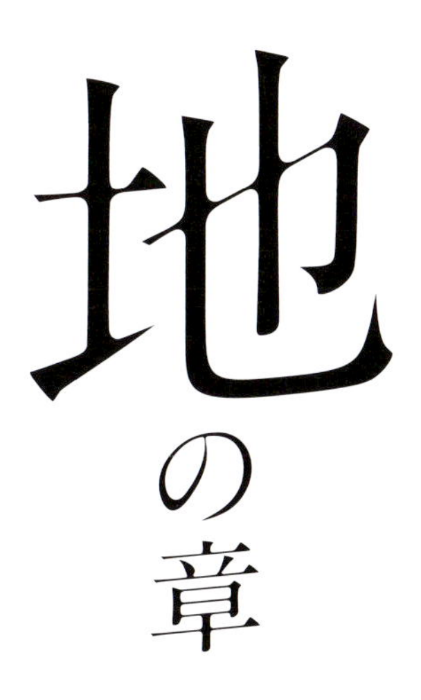

地の章

棚下の花から発展した砂物の世界
盆景などの影響も見られる横の系譜

横の系譜

砂物の歴史も室町時代のころからと思われる。座敷飾りの一様式として、棚下などに飾られたのがその始まりではないだろうか。図1は『仙伝抄』に見られる花である。また盆景や縁台などに飾られた州浜の影響もあると見られる。図2は『慕帰絵詞（ぼきえことば）』に見られる飾りである。

砂物の初期のものは、自然の石や砂を利用して花留にしていた。それは立て花や立花に使われる込み藁とは違い、草木をまっすぐに立てることができなかったに違いない。しかし、立花の影響で砂の下に込み藁が仕込まれるようになり、砂物の水際も立花のようになっていく。

古くは、大木の切株や古株を立てたものを「株立て」といい、株を立てない草ばかりのものを「砂の物」と呼んだが、今は両者の区別はない。

砂物は一株砂物と二株砂物があるが、後者の場合は一方の株は見せないようにするのが定法である。普通は真一文字の切り口を見せるが、しゃれたものも使われる。

安土桃山時代、初代専好が秀吉御成（おなり）の際に前田利家邸で立てた「池坊一代の出来物」と称賛された大砂物は、二株砂物であったと伝えられている（『文禄三年前田亭御成記』）。

また江戸初期、二代専好が立てた二株砂物も「事外奇麗清涼也」と、洛中の評判になったことが書かれている（『泰重卿記（やすしげきょうき）』）。これら砂物の魅力はどこにあったのだろうか。

二代専好の伝とされる『臥雲華書（がうんかしょ）』には「砂の物は狂言、立華は能と心得べし」とある。天を意識する厳粛な立花と、くだけた異曲の躰である砂物の違いをうまく言い表している。

立花を見る目線が水際から真に向かって見上げるのに対し、砂物は上方から見

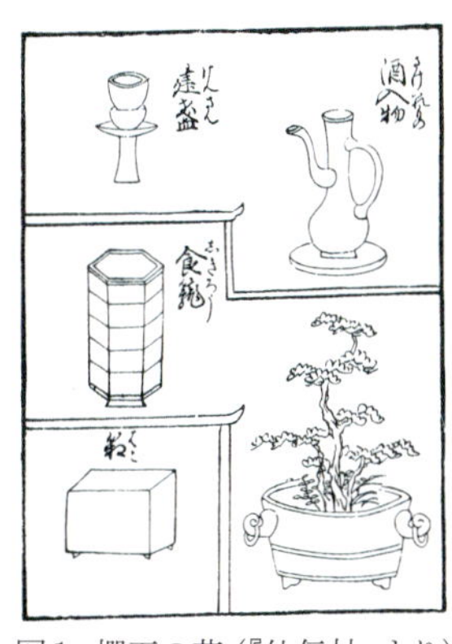

図1：棚下の花（『仙伝抄』より）

図２：『慕帰絵詞』（国立国会図書館デジタルコレクション）

下ろす。つまり俯瞰的に捉えられる構成となる。そのため砂上の景色も重要な見せ場となる。立花の水際とは違った美しさが表現できるのが砂物ではないだろうか。

砂物は白砂青松の世界が、雄大かつダイナミックに広がる。砂物は白砂を敷くことで、禅寺の枯山水の庭園のごとく、抽象的な世界が現出する。そこでは大胆で自由な発想が許されるだろう。

蓮やかきつばたなどの水物では、砂物と称しながら砂を見せず、水ばかりを見せる。大地の表現とは違った、水面の見せる静かな景色が広がるのである。

砂物は借景を取り入れた庭園を眺望するように、横の世界が展開される。

松、えぞ松、やぶこうじ、しゃが、ふきたんぽぽ、しのぶ、笹、ゆきのした

背伸び

精いっぱい頑張るその健気さには誰もかなわない。
初期の砂物のイメージ。

棚下の花　松、乙女ゆり、ベアグラス、春ラン、かえで、ゆきのした、姫ひおうぎ、杉、カルーナ、つげ

大地讃頌

春の光が母なる大地に降り注ぐ。
世界が喜びに包まれる。

棚下の花　夏はぜ、さんかよう、黒ゆり、しゃが、つつじ、松、えぞるり草、ふうち草、ラン、しのぶ

二代専好に学ぶ

水物のかきつばたとしゃがの取り合わせ。
実作することでその意味が少し見えてくる。

砂物　かきつばた、しゃが

春霖（しゅんりん）

草木にとっては恵みの雨。
今日も傘が手放せない。

砂物　としょう、松、椿、黒ゆり、ひのき、アジアンタム、福寿草、つげ、せきしょう、ヒューケラ、いぶき

春の嵐

今回の強風に耐えた桜花も、
次の雨には散ってしまうだろう。

砂物　桜、かきつばた、松、いぶき、椿、都忘れ、苔木、つげ

曲直

曲がりのある松の幹と
直線的な木蓮の枝が見せる対照美。

砂物　木蓮、松、かきつばた、山吹、ひのき、いぶき、椿、都忘れ

風光る

山つつじの花を見上げる。
空は柔らかな光で溢れる。

砂物　山つつじ、ひのき、松、苔木、かきつばた、あじさい、夏はぜ、山しだ、都忘れ、まさき、いぶき

北国の春

白樺(しらかば)、青空、南風……。
北海の地にも遅い春が訪れる。

砂物　いちい、白かば、アマリリス、アプライト、しらびそ、マスデバリア、沖縄しゃが、れんぎょう、鳴子ゆり、シーグレープ、しのぶ、コプロスマ

美女と野獣

美しい花の姿は、その愛の力で呪いを解く。
人もまたその愛に救われる。

砂物　へご、黒さんごみずき、ブルーハイビスカス、オクロレウカ、山吹、紫ラン、エリカ、つげ、かなめ、パンジー、ゆきのした

春浅し

必ず春は訪れる。
待ち遠しい気持ちが心を浮き立たせる。

砂物　アスパラガス、ヤシの葉柄、マスデバリア、ばっこ柳、鳴子ゆり、ウーリーブッシュ、レクス・ベゴニア、山吹、ムスカリ、コプロスマ、白かば、オクロレウカ、やまなし、ビブルナム、しだ、カルーナ、ペペロミア

異端

れんげしょうまの花言葉は「伝統美」だが、
この作品は真を変化させている。

砂物　松、風草、ききょう、ひのき、いぶき、つげ、まさき、山しだ、れんげしょうま、ひとつ葉、おけら、
日々草、ゆきのした、ひおうぎ

寛容

立花の姿は、
草木相互の譲り合いの精神で成り立っている。

砂物　松、ゆり、ひのき、夏はぜ、オクロレウカ、ききょう、つげ、しのぶ、なでしこ、つるうめもどき、
ひおうぎ

存在感

強い芳香を放つ花と大きな葉。
ほおの木は周囲を圧倒する力を持つ。

砂物　ほおの木、ひのき、松、苔木、黒ゆり、かんぞう、いぶき、つげ、都忘れ、山しだ、かなめ、ゆきのした

五月晴れ

梅雨の晴れ間、草木はしっとりとたたずみ、
落ち着いた表情を見せる。

砂物　あじさい、松、すすき、ななかまど、曝木、オクロレウカ、ひのき、夏はぜ、むくげ、山しだ、ひおうぎ、
姫ゆり

容姿端麗

美しい人の形容に使われていたかきつばた。
その魅力に時を忘れる。

砂物　かきつばた、葦、ひおうぎ、こうほね

融通無碍（ゆうずうむげ）

水物ばかりの取り合わせ。
水物は容易に交わり、混在する。

砂物　蓮、かきつばた、こうほね

池中体

水物が持つ清涼感は周りの暑気を払い、
心のオアシスとなる。

砂物　蓮、かきつばた、こうほね、葦

虹

雨上がり、晴れた空に架かる鮮やかな虹を見る。

砂物　蓮、ときわがや、かきつばた、こうほね、ひおうぎ

挑戦

草木との真剣勝負、
その一瞬の美しさを捉える作業が始まる。

砂物　蓮、かきつばた、ポンテデリア、こうほね

盛夏

夏の日差しは強い分、
それが作る影も強く濃い。

砂物　アレカヤシ、しこん野ぼたん、松、かえで、シーグレープ、ヘリコニア、とらのお、おみなえし、まさき、りんどう、ゆきのした、赤柳

初秋

少しずつ色づく紅葉に、
野趣溢れる野菊が寄り添う。

棚下の花　菊、もみじ、寒すげ、けいとう、しのぶ、ゆきのした、松葉ぼたん

飛翔

彩りを増した大地から白鷺が飛び立つ。
高貴なその姿に見ほれる。

棚下の花　るり柳、つるうめもどき、さぎ草、おみなえし、夏はぜ、あじさい、松、そくず、葦

翼を広げて

大空に羽ばたいていこう。
そこは自由な空間が広がっている。

砂物　竹しゃが、ききょう、松、けいとう、ぼけ、オクロレウカ、いぶき、つげ、ひのき、椿、ほととぎす

クライマックス

最後の命を燃やす木々。
山々はドラマチックに錦織りなす姿へと変貌する。

砂物　もみじ、松、曝木、いぶき、つげ、椿、山しだ、ほととぎす

花野

山里のすがすがしい空気の中で、
秋の千草が咲き乱れる。

砂物　松、すすき、菊、梅もどき、ききょう、いぶき、つげ、まさき、椿、いちはつ、とりとまらず、ひとつ葉、しのぶ、えぞ松

残照

青く澄んだ空が、
最期の命を燃やすように赤々と染まる。

砂物　けいとう、つるうめもどき、松、しゃが、ききょう、いぶき、つげ、ひいらぎ、椿、ひのき、ほととぎす

山装う

秋冷の季節、
山は華麗な絵模様に染められる。

砂物　もみじ、松、曝木、つげ、山しだ、椿

雨しずく

晴れ上がった空。
軒先から滴り落ちる一筋のしずくが光る。

砂物　チャボひば、梅もどき、松、ひもげいとう、オクロレウカ、メラレウカ、つげ、山しだ、ほととぎす、秋明菊、りんどう

かぐや姫

彼女は残り香を残し去っていく。
人生は出会いと別れのドラマ。

砂物　竹、松、バラ、つるうめもどき、アスパラガス、つげ、椿、ふうち草、ふじばかま、たで

野分

強風に耐え切れず、
一枚の葉が梢（こずえ）から離れてしまった。

砂物　竹、梅もどき、かきつばた、まんさく、松、椿、ほととぎす

雪渓

白砂が渓谷に残る冷たい雪のイメージに変わる。

砂物　えぞ松、松、曝木、水仙、白グミ、梅、しゃが、椿、いぶき、つげ、山しだ、寒菊

寒風

冷気の中で、寒そうな身をさらす梅に対して、
松は悠然と構えている。

砂物　梅、苔木、柳、松、水仙、つげ、椿、かなめ、しゃが、小菊、ひのき

孤高

威風堂々たる松の容姿は、まさに樹木の王。
侵し難い気配を放つ。

砂物　松、柳、いぶき、おもと、椿、梅、ひのき、苔木

燦々（さんさん）

瑞々しい色彩を持つ草木が、
乾いた白砂との対比でより鮮やかに浮かび上がる。

砂物　松、梅、水仙、かなめ、つげ、小菊、ひのき、いぶき、椿、しのぶ、やぶこうじ、アカシア

歳寒三友

梅の代わりにぼけを友として楽しむ。
花器は「松皮菱」と呼ばれる意匠。

砂物　竹、ぼけ、松、水仙、いぶき、つげ、椿、小菊、しゃが、かなめ

小春日和

厳冬に咲くぼけの花は、
辺りをほのぼのとした暖かさで包む。

砂物　竹、ぼけ、やぶこうじ、オクロレウカ、水仙、アカシア、椿、くちなし、菊、しのぶ、ひとつ葉、松、ビブルナム

待春

「花をのみ待つらむ人に山里の雪間の草の春を見せばや」
藤原家隆

砂物　梅、松、かなめ、つげ、苔木、椿、ひとつ葉、小菊、春ラン、いぶき、山しだ

精霊

佐渡から送っていただいた松。
松の精に背中を押されて制作した。

砂物　松、梅もどき、竹、ひのき、水仙、つげ、いぶき、きんせんか、椿、いちはつ、しゃが、かなめ、小菊

おわりに

作品集のお話を頂いてから、季節に追われ、あっという間の一年であった。

制作中は、常に師である柴田英雄先生の眼差しを感じ、師に対し恥ずかしくないものを、と心掛けたつもりである。

また迷ったときは、先生ならどうされるかとも思案した。今も現役で活躍される先生の批評は厳しいに違いないが、「時分の花」の段階として大目に見ていただくことにしよう。

昨年の9月、父春荘が92歳で他界した。花一筋の人生であった。

今年の4月、父の名を継いで名を春荘と改めた。

春荘の名を残すのが、父へのせめてもの供養だと思ったからである。

本書をまず、今は亡き父に捧げたい。

最後になりましたが、このたびの出版をお許しいただきました専永宗匠には、心より御礼申し上げます。また、専好さま、雅史さま、写真家の木村尚達さまはじめ、花材を調達していただいた花市さま、私を支えてくださった皆さまに心より感謝申し上げます。

誠にありがとうございました。

平成28年10月

小林春荘

小林春荘（こばやししゅんそう）

1955年　6月29日、三重県四日市に生まれる
1970年　池坊入門
1978年　同志社大学卒業後、柴田英雄先生に師事
2014年　池坊中央研修学院教授

池坊いけばな作品集

花時分 —天と地の花—

2016年10月27日　第1版第1刷発行
2021年2月16日　　　　第3刷発行

監　修　池坊専永
著　者　小林春荘
発行者　池坊雅史
発行所　株式会社日本華道社
〒604-8691　京都市中京区烏丸三条下ル 池坊内
Tel.075-223-0613
編　集　日本華道社編集部
撮　影　木村尚達
デザイン　岩本弥生
制作協力　株式会社青龍社
印刷･製本　図書印刷株式会社

 / ISBN 978-4-89088-109-3
定価はカバーに表示してあります。